張子語録

〔宋〕張載　撰

齊魯書社
·濟南·

圖書在版編目（CIP）數據

張子語録 / (宋) 張載撰. -- 濟南 : 齊魯書社, 2024. 9. -- (《儒典》精粹). -- ISBN 978-7-5333-4938-7

Ⅰ. B244.41

中國國家版本館CIP數據核字第2024D0Z128號

責任編輯　張　超　劉　晨
裝幀設計　亓旭欣

張子語録

ZHANGZI YULU

〔宋〕張載　撰

主管單位	山東出版傳媒股份有限公司
出版發行	齊魯書社
社　　址	濟南市市中區舜耕路517號
郵　　編	250003
網　　址	www.qlss.com.cn
電子郵箱	qilupress@126.com
營銷中心	（0531）82098521　82098519　82098517
印　　刷	山東臨沂新華印刷物流集團有限責任公司
開　　本	880mm × 1230mm　1/32
印　　張	3.5
插　　頁	2
版　　次	2024年9月第1版
印　　次	2024年9月第1次印刷
標準書號	ISBN 978-7-5333-4938-7
定　　價	28.00圓

《〈儒典〉精粹》出版説明

《儒典》是對儒家經典的一次精選和萃編，集合了儒學著作的優良版本，展示了儒學發展的歷史脉絡。其中，《義理典》《志傳典》共收録六十九種元典，由齊魯書社出版。鑒於《儒典》采用套書和綫裝的形式，部頭大，價格高，不便於購買和日常使用，我們决定以《〈儒典〉精粹》爲叢書名，推出系列精裝單行本。

叢書約請古典文獻學領域的專家學者精選書目，并爲每種書撰寫解題，介紹作者生平、内容、版本流傳等情况，文簡義豐。叢書共三十三種，主要包括儒學研究的代表性專著和儒學人物的師承傳記兩大類。版本珍稀，不乏宋元善本。對於版心偏大者，適度縮小。爲便於檢索，另編排目録。不足之處，敬請讀者朋友批評指正。

齊魯書社

二〇二四年八月

《〈儒典〉精粹》書目（三十三種三十四册）

孔氏家語　荀子集解　孔叢子
春秋繁露　春秋繁露義證　鹽鐵論
新序　揚子法言　白虎通德論
潛夫論　中說　太極圖說　通書
龜山先生語録　張子語録　傳習録
張子正蒙注　先聖大訓　近思録
四存編　孔氏家儀　帝範
帝學　温公家範　文公家禮
聖門禮樂誌　東家雜記　孔氏祖庭廣記
伊洛淵源録　伊洛淵源續録　國朝漢學師承記
國朝宋學淵源記　孔子編年　孟子年表

解題

張子語録三卷後録二卷，宋張載撰，宋吴堅福建漕治刻本

是書乃宋人所録張載語。載字子厚，世大梁人，父卒，僑寓於鳳翔郿縣横渠鎮之南大振谷口，因徙而家焉。嘉祐二年（一〇五七）登進士第。熙寧十年（一〇七七），卒於館舍，享年五十有八。著有《正蒙》《横渠易説》等。事迹具《横渠先生行狀》、《宋史》本傳。

是書《郡齋讀書志》《直齋書録解題》《宋史·藝文志》皆不著録。朱熹、吕祖謙纂輯《近思録》，引書目録中有《横渠先生語録》。趙希弁《讀書附志》著録《横渠先生語録》三卷，然無《後録》。《語録》三卷，皆張載歷年講學記録，涉及《論》《孟》諸書。卷中所録『横渠四句』，爲後世廣爲傳頌，然文本稍有出入，此本作『爲天地立心，爲生民立道，爲去聖繼绝學，爲萬世開太平』。其中亦偶混入他人語録，如卷上『勿謂小兒無記性』條即程頤語。《後録》二卷輯録張載言行事迹，出自《程氏遺書》《程氏文集》《上蔡語録》《朱子語録》等書。

是書《四庫全書總目》不載，蓋未見也。《鐵琴銅劍樓藏書目録》卷十三著録，不題名，亦無序跋，卷末有『後學天台吴堅刊于福建漕治』二行。張元濟《張子語録跋》云：『是本卷上首葉缺前九行，舊藏汲古閣毛氏、藝芸書舍汪氏，迄鐵琴銅劍樓瞿氏，均未補得。余聞滂喜齋潘氏有宋刻《諸儒鳴道集》，因往假閲，則是書所缺九行儼然具存，遂得影寫補足。』民國十七年（一九二八）《續古逸叢書》影印此本，首葉尚缺。民國二十三年（一九三四），《四部叢刊》續編又據原本影印，首葉文字已據宋刻《諸儒鳴道集》補足。今核查原本，首葉文字亦已補足，然字體與《四部叢刊》本有异，蓋二本影寫并非出自一人之手。宋刻《諸儒鳴道集》今藏上海圖書館，其中卷十六至十八爲《横渠語録》，時代早於此本，二者文字間有异同，可互相參正，然此本尚有《後録》二卷，更加完備。明吕柟《張子抄釋》收《語録》一卷，最後七條爲以上二本所無，察其來源，蓋皆輯自《近思録》。

隗茂杰

目録

張子語録上

子貢曰夫子之文章可得而聞也夫子之言性與天道不可得而聞也子貢曾聞夫子言性與天道但子貢自不曉故曰不可得而聞也若夫子之文章則子貢自曉聖人語動皆示人以道但人不求耳

不可使知之以其愚無知之何不能使知之耳聖人設學校以教育之豈不欲使知善道其不知愚也後世以爲民使由之而不使知之則其待聖人也淺

上智下愚不移充其德性則爲上智安於見聞
則爲下愚不移者安於所執而不移也
毋固者不變於後毋必者不變於前毋四者則
心虛虛者上善之本也若實則無由納善矣
先之勞之身先之必勞之愛之能勿勞乎愛之
則己須勤勞以求其養之之道
子貢謂夫子所言性與天道不可得而聞既云
夫子之言則是居常語之矣聖門學者以仁
爲己任不以苟知爲得必以了悟爲聞因有
是說明賢思之

生知有小大之殊如賢不肖莫不有文武之道也忠信如丘生知也克念作聖學知也仲尼謂我非生知豈學而知之者歟以其盡學之奥同生知之歸此其所以過堯舜之遠也

舜好問仲尼每事問德同矣學亦同否

仲尼發憤而化至于聖耶抑每有悟而忘食一作飢遺老耶

仁者壽安靜而久長壽之象也

信近於義猶言言近於義則信可復也復踐也

仲尼自志學至老德進何晚竊意仲尼自志學

固已明道其立固已成性就上益進蓋由天之不已爲天已定而所以爲天不窮如有成性則止則舜何必孜孜仲尼何必不知老之將至且歎其衰不復夢見周公由此觀之學之進德可知矣

擇不處仁焉得智是擇善也孔子所擇亦不過乎仁然而仁也又有守得處在求之

舜非致曲而至于聖人何以以孝聞曰不幸舜之父母異於人之父母故以孝著也

夫子之門父子共學而賢者點與參也點好學

樂道

禹吾無閒然無閒隙也故其下所舉之事皆善也聖人猶看之無隙衆人則可知

顏子問爲邦 云云 三代之文章顏淵固皆知之故於其所知而去取之曰行夏之時乘商之輅服周之冕又曰放鄭聲遠佞人此則法外意如道千乘之國之意不與已舉行者故事相干鄭聲佞人最爲治之害亦人之所難

論語問同而荅異者至多或因人才性或觀人之所問意思言語及所居之位

誦詩三百止亦奚以爲誦詩雖多若不心解而行之雖授之以政則不達使於四方言語亦不能如此則雖誦之多奚以爲

大武可以爲也盡見武王之事便可爲看了武特地知虞舜舜之時又好德性又備禮文又備

文而静孔子言弗可及也更不説可知

揖遜而升下或以爲絶句謂揖遜而升降也及以射禮不勝者亦飲之堂上故不言下而飲非也升而遜可也下而遜無此理也禮文雖

不說下而飲不勝者自下而請飲勝者又不
可飲之於下故升飲也
吾之於人也誰毀誰譽止試矣言於人之毀譽
誰爲毀誰爲譽若有所來譽者則我將有所
試矣不言試所毀此義正與采苓問人之爲
言者苟亦無信舍旃舍旃苟亦無然惟下言
人之爲言胡得焉亦不考其舍旃之言獨於
人之爲言者考其實仲尼未嘗見毀人其於
弟子有所進退者止是言其實耳
聖之時當其可之謂時取時中也可以行可以

止此出處之時也至於言語動作皆有時也

顏孟有無優劣同異

顏子用舍與聖人同孟子辨伯夷伊尹而願學孔子較其趨固無異矣考孟子之言其出處固已立於無過之地顏子於仁三月不違於過不貳如有望而未至者由不幸短命故歟

時雨化之春誦夏弦又言當其可之謂時成德因人之有心當成說之如好貨好勇因爲其說以教之私淑艾大人正己而物正

形色如生色也睟然見於面云云

舜三十而徵庸是有聞于朝也成聖之速自古無如舜也舜為仁之大端也

學者至于與孟子之心同然後能盡其義而不疑

告子不動心必未有以取材也

必有事焉四字更求之

四詞以溢侈偏妄四字推之

賢人當爲天下知聖人尚受命雖不受知不受命然爲聖爲賢乃吾性分當勉耳

事實到如此則更何須言天何言哉

成德者如孟子語宋牼之言是也本有是善意
因而成之答問者必問而後答也
古之人亦有仕而不受祿者仕者未嘗遽受其
祿以觀可否在上者亦不欲便臣使之
有所不爲而後可以有爲不爲不爲不爲不義也不
爲不義則可以爲義
孟子於聖人猶是粗者
以善服人者要得以善勝人也然其術未至者
又烏能服人以善養之者凡教之養之皆養
人也

夷子謂愛無差等非也謂施由親始則施愛固由親始矣孟子之說闢其無差等也無差等即夷子之二本也彼有取焉耳謂赤子匍匐將入井非赤子之罪也所取者在此

存心養性以事天盡人道則可以事天

忘勢之人不資其力而利其有則能忘人之勢若資仰其富貴而欲有所取則不能忘人之勢五人者能忘獻子之家也不能忘獻子之家則為所輕獻子亦不肯與之為友矣

盡天之物且未須道窮理只是人尋常據所聞

有拘管局殺心便以此爲心如此則耳目安能盡天下之物盡耳目之才如是而已須知耳目外更有物盡得物方去窮理盡心了性又大於心方知得性便未說盡性須有次叙便去知得性性即天也

富貴者貧賤者皆命也今有人均爲勤苦有富貴者有終身窮餓者其富貴者只是幸會也求而有不得則是求無益於得也道義則不可言命是求在我者也

賢者在堯舜之世亦有不得遇者否亦有甚不

幸者亦有命也臨時卻智之於賢者則不獲知也

學者須要識所惡

窮理亦當有漸見物多窮理多如此可盡物之性

不常者與常者處則十事必十次怒爲他常是過九次未怒已是大段包忍十次則須怒

觀虞書禮大樂備然則禮樂之盛直自虞以來古者雖有崩壞之時然不直至於泯絕天下或得之於此國或得之於彼國互相見也

假令宮縣雖鍾皷四面同設其四隅必別各有
皷
人有陰疾者先雨必有驗斯可候雨此動乎四
體也
天地之道可以一言而盡也凡言是皆能盡天
地但不得其理至如可欲皆可以至聖神但
不嘗得聖神滋味天地之道以術知者却是
妄
又有人語怍為人所難理不勝則就上更說將
去是質疑事如此則過益過非可遂非也

祭用分至啓閉取其陰陽往來又得其氣之中

又貴時之均也

大凡禮不可大段駭俗不知者以爲怪且難之甚者至于怒之疾之故禮亦當有漸於不可知者少行之已爲多矣但不出户庭親行之可也毋強其人爲之已德性充實人自化矣

正已而物正也

食則遇毒不悟凡食不義便是遇毒

其出處則出而足以利天下亦可出爲免死之仕亦可出

今人過憂盜賊禍難妄動避之多致自傷者又禍未必然而自禍者此惡溺而投河之類也

古之衣服器皿之類必要知者以其作之者古人道古物故盡物之象然後經義可說也無證不言

感亦須待有物有物則有感無物則何所感

若以聞見爲心則止是感得所聞見亦有不聞不見自然靜生感者亦緣自昔聞見無有勿事空感者

聞見不足以盡物然又須要他耳目不得則是

木石要他便合得内外之道若不聞不見又何驗

訂頑之作只為學者而言是所以訂頑天地更分甚父母只欲學者忠於天道若語道則不須如是言

理不在人皆在物人但物中之一物耳如此觀之方均故人有見一物而悟者有終身而悟之者

以己孝友施于有政之人是亦己為政之道如以溫良恭儉遜化於國君猶國君重信之是

以温良恭儉遜施于有政也
曾謂泰山不如林放乎言泰山之神不歆享也
路鼓鼓鬼享必在北近堂天子五門路正在北
路大也路門路寢皆特大路鼓之名恐由此
得之
擊石拊石獨擊謂之擊若編磬則聲有高下擊
之不齊故謂之拊今謂之拊響然也琴瑟亦
謂之拊以其聲不同也
物怪衆見之即是理也神也偏見之者非病即
僞豈有有一物有不見者有見者偏見者即

病也人心病則耳目亦病今日月之明神也誰有不見者又如殞石于宋是昔無今有分明在地上皆見之此是理也

人言不信惟須是於實事上不信又曉其理方是了當苟不然者才刼之不測又早是信也

質疑非遁辭之比也遁辭者無情只是他自信元無所執守見人說有已即說無反入於太無見人說無已則說有反入於至下或太高或太下只在外面走元不曾入中道此釋老之類故遁辭者本無情自信如此而已若質

疑者則有情實遂其非也

凡言自信與不動心同亦有差等告子不動心孟子亦不動心勇亦然

孔子所不語怪者只謂人難信所以不語也

十詩之作信知不濟事然不敢决道不濟事若孔子於石門是知其不可而爲之然且爲之者何也仁術也如周禮救日之弓救月之矢豈不知無益於救但不可坐視其薄蝕而不救意不安也救之不過失數矢而已故此詩但可免不言之失今同者固不言不同者又

一向不言不言且多故識言之亦使知不同
者不徒閑過而已極只是有一不同耳
禮但去其不可者其他取力能爲之者
寒食周禮禁火惟季春最嚴以其大火心星高
其時禁之以防其太盛野人鄉里尤甚旣禁
火須爲數日糧旣有食因重其祭祀十月一
展墓亦可用以其草木初生初死
老子言天地不仁以萬物爲芻狗此是也聖人
不仁以百姓爲芻狗此則非也聖人豈有不
仁所患者不患也天地則何意於仁鼓舞萬

物而不與聖人同憂聖人則仁此其爲能洪
道也
人則可以管攝於道道則管攝人此人能洪道
非道洪人也人則可以推洪於道道則何情
豈能洪人也
勿謂小兒無記性隔日事皆能不忘故善養子
者必自嬰孩始鞠之使得所養令其和氣乃
至長性美教之便示以好惡有常至如不欲
犬之上堂則時其上堂而扑之若或不常既
撻其上堂又食之於堂則使孰適從雖曰撻

而求不升堂不可得也是施之妄莊生有言養虎者不敢以生物與之爲其殺之之怒不敢以全物與之爲其有決之之怒養異類尚爾況於人乎故養正者聖人也

人言四月一日爲麥受胎殆不知受胎也久矣草木之實自其初結時已受胎也

教之而不受則雖強告之無益譬之以水投石不納也今石田雖水潤之不納其乾可立而待者以其不納故也莊子謂內無受者不入外無正者不行

知之爲用甚大若知則以下來都了只爲知包着心性識知者一如心性之關轄然也今學者正惟知心性識不知如何安可言知知及仁守只是心到處便謂之知守者守其所知知有所極而人知則有限故所謂知及只言心到處

狎大人大人寬容有德度者以其有德度容人故狎狎侮之也侮聖人之言聖人之言直是可畏少犯之便有君子小人之别

張子語録上

張子語録中

温良恭儉遜何以盡夫子之德人只爲少他名道德之字不推廣見得小温良恭儉遜聖人惟恐不能盡此五德如夫子之道忠恕而巳聖人惟憂不能盡忠恕聖人豈敢自謂盡忠恕也所求乎君子之道四是實未能道何嘗有盡聖人人也人則有限是誠不能盡道也聖人之心則直欲盡道事則安能得盡如博施濟衆堯舜實病諸堯舜之心其施直欲至于無窮方爲博施言朔南暨聲教西被于流

沙是猶有限此外更有去處亦未可以言衆然安得若是修己以安百姓是亦堯舜實病之欲得人人如己然安得如此

其比來所得義理儘彌久而不能變必是屢中於其間只是昔日所難今日所易昔日見得心煩今日見得心約到近上更約必是精處尤更約也（尤一作必）

禮不下庶人刑不上大夫於禮庶人之禮至略直是不責之難責也蓋財不足用智不能及若學者則不在此限爲己之所得所（一作爲）行己

之所識也某以爲先進之說只是行己之志不願乎其外誠盡而止若孔子必要行大夫之祭當其退時直是不可爲也故須爲野人無奈何又不可不爲故以禮樂爲急刑不上大夫雖在禮有之然而是刑不上大夫官有士師而已

有虞氏止以其身而得天下自庶人言堯舜只是納于大麓元不曾有封大麓如後世尚書之任夏后氏謂以君而得天下商人周人謂以衆而得天下以君者止以其君之身以衆

者謂以其國之衆有此分別各以其所以得
天下名之
昔謂顏子不遷怒爲以此加彼恐顏子未至此
地處之太高此則直是天神顏子未必能寂
然而感故後復以爲不遷他人之怒於己不
貳過不貳己之過然則容有過但不貳也聖
人則無過
孔子三人行必有我師焉此聖人取善顏子亦
在此術中然猶着心以取益比聖人差別聖
人則所見是益

毋意毋常心也無常心無所倚也倚者有所偏而係着處也率性之謂道則無意也性何嘗有意無意乃天下之良心也聖人則直是無意求斯良心也顏子之心直欲求爲聖人學者亦須無心故孔子教人絕四自始學至成聖皆須無此非是聖人獨無此四者故言毋禁止之辭也所謂倚者如夷淸惠和猶有倚也夷惠亦未變其氣然而不害成性者於其氣上成性也清和爲德亦聖人之節於聖人之道收得最近上直隣近聖人之德也聖人

之清直如伯夷之清聖人之和直如下惠之和但聖人不倚着於此只是臨時應變用清和取其宜若言聖人不清聖人焉有濁聖人不和聖人焉有惡

禹稷顏回易地皆然顏固可以為禹稷之事顏子不伐善不施勞是禹稷之事也顏子勿用者也顏子當禹稷之世禹稷當顏子之世處與不處此則更觀人臨時志如何也雖同時人出處有不同然當平世賢者自顯夫子豈有棄顏子而不用同室鄉隣之別有責無責

之異耳孔顏出處自異當亂世德性未成則人亦尚未信苟出則妄動也孔子其時德望天下已信之矣

作者七人伏羲也神農也黃帝也堯也舜也禹也湯也所謂作者上世未有作而作之者也伏羲始服牛乘馬者也神農始教民稼穡者也黃帝始正名百物者也堯始推位者也舜始封禪者也堯以德禹以功故別數之湯始革命者也若謂武王爲作則已是述湯事也若以伊尹爲作則當數周公恐不肯以人臣

謂之作若孔子自數爲作則自古以來實未有如孔子者然孔子已是言述而不作也

果哉末之難矣言爲言之果容易發言也無所難是易其言也彼之有心哉亦未必知音如此蓋素知孔子德望故往來云耳又作來往言耳

爲命云云　猶成人之爲我爲命則須是討論修飾潤色乃善取此衆人之長方盡其善鄭介於大國之閒其時得以不爲辱特由爲命之善也言此時未有能兼備此衆善以爲命者

成人之義亦謂兼此衆善可以爲成人孟公

綽趙魏雖大家然令不出家事不至大滕薛雖小國蓋具國體有禮樂征伐之事其事亦大須才足以治之此評人品也

林放問禮之本禮之本所以制奢也凡禮皆所以致奢獨喪則情異故特舉之喪只爲人易忘所以勉人之難孔子猶曰喪事不敢不勉

二十博學內而不出不敢遽爲成人之事也三十博學無方猶智慮通達也

哀公問社於宰我言戰栗孔子罪其穿鑿也不知爲不知是知也若以不知爲知則所知亦

不知也成事不說遂事不諫既往不咎此皆
言其不可救且言有淺深事已成何須說事
已遂不可復諫止既往何必咎之
近臣守和和平也和其心以備顧對不可徇其
喜怒好惡
紅紫不以爲褻服近身衣也以紅紫爲之不宜
也非爲以閒色而賤之雖褻服不用也禮服
非止用五色之正雖閒色亦有爲之者
甯武子其愚不可及也言非所取也無道則愚
近於詐不可學也

攻乎異端攻難闢之義也觀孔子未嘗攻異端
也道不同謂之異端若孟子自有攻異端之
事故時人以爲好辨
雖小道必有可觀者焉小道道之小成者也若
言必信行必果是也小人反中庸亦是也此
類甚多小道非爲惡但致遠恐泥信果者亦
謂士之次反中庸而無忌憚者自以爲是然
而非中庸所謂小道但道之小耳非直謂惡
笙鏞以閒謂東西鏞磬閒作也
樂言拊者大凡雜音謂之拊獨者爲擊笙鏞鍾

磬皆可言拊
爲天地立心爲生民立道爲去聖繼絶學爲萬
世開太平
所思所存益以堅瑩
萬物生死成壞均爲有知
不凝於物而物亦不能凝
學者當須立人之性仁者人也當辨其人之所
謂人學者學所以爲人
爲學大益在自求變化氣質不爾皆爲人之弊
卒無所發明不得見聖人之奧

學者觀書每見每知新意則學進矣
義理有疑則濯去舊見以求新意
權量宜而行義之精道之極者故非常人所及
取名則近取材則難即道也不可妄分
多求新意以開昏蒙吾學不振非強有力者不能自奮足下信篤持謹何患不至正惟求一作來自粹美得之最近
萬物皆有理若不知窮理如夢過一生釋氏便不窮理皆以爲見病所致莊生儘能明理反至窮極亦以爲夢故稱孔子與顏淵語曰吾

與爾皆夢也蓋不知易之窮理也
有志於學者都更不論氣之美惡只看志如何
匹夫不可奪志也惟患學者不能堅勇
學須以三年爲期孔子曰朞月可也三年有成
大凡事如此亦是一時節朞月是一歲之事
舉偏也至三年事大綱慣說學者又且須以
自朝及晝至夜爲三節積累功夫更有勤學
則於時又以爲恨
義理無形體要說則且說得去其行持則索人
工夫故下學者所以鞭後而趨齊也

人與動植之類已是大分不齊於其類中又極有不齊其嘗謂天下之物無兩箇有相似者雖則一件物亦有陰陽左右譬之人一身中兩手爲相似然而有左右一手之中五指而復有長短直至於毛髮之類亦無有一相似至如同父母之兄弟不惟其心之不相似以至聲音形狀亦莫有同者以此見直無一同者

人一已百人十已千如此不至者猶難羿性語氣可也同行報異猶難語命語遇可也氣與

遇性與命切近矣猶未易言也

君子之道費而隱費日用隱不知也匹夫匹婦可以與知與行是人所常用故曰費及其至也雖聖人有所不知不能是隱也聖人若夷惠之徒亦未知君子之道若知君子之道亦不入於偏

望道而未之見望太平也

語大天下莫能載焉語小天下莫能破焉言其體也言其大則天下莫能載言其小則天下莫能破此所以見其虛之大也

凡觀書不可以相類泥其義不爾則字字相梗當觀其文勢上下之意如充實之謂美與詩之言美輕重不同近思作程語

鄉原徇欲而畏人其心乃穿窬之心也苟徇欲而不畏人乃明道耳遁辭乃鄉原之辭也無執守故其辭妄

當自立說以明性不可以遺言附會解之若孟子言不成章不達及所性四體不言而喻此非孔子曾言而孟子言之此是心解也

世學不明千五百年大丞相言之於書吾輩治

之於已聖人之言庶可期乎顧所憂謀之太迫則心勞而不虛質之太煩則泥文而滋弊此僕所以未置懷於學者也

凡可狀皆有也凡象皆氣也氣之性本虛而神則神與性乃氣所固有此鬼神體物而不可遺也

志於道道者無窮志之而已據於德據守也得寸守寸得尺守尺依於仁者居仁也游於藝藏脩息游

利利於民則可謂利利於身利於國皆非利也

利之言利猶言美之爲美利誠難言不可以槩而言

樂山樂水言其成德之　仁者如山之安靜智者如水之不窮非謂仁智之必有所樂言其性相類

詖淫邪遁之辭古語孰近詖辭徇難近於並耕爲我淫辭放侈近於兼愛齊物邪辭離正近於隘與不恭遁辭無守近於揣摩說難四者可以盡天下之狂言

孟子之言性情皆一也亦觀其文勢如何情未

必爲惡哀樂喜怒發而皆中節謂之和不中節則爲惡

可欲之謂善凡世俗之所謂善事可欲者未盡可欲之理聖賢之所願乃爲可欲也若夷惠尚不願言君子不由也清和亦可言善然聖賢猶以爲未足乃所願則學孔子也

釋氏之說所以陷爲小人者以其待天下萬物之性爲一猶告子生之謂性今之言性者汚漫無所執守所以臨事不精學者先須立本

陰陽者天之氣也（亦可謂道）剛柔緩速人之氣也（亦可謂性）

生成覆露天之道也（亦可謂理）仁義禮智人之道也（亦可謂性）損益盈虛天之理也（亦可謂道）壽夭貴賤人之理也（亦可謂命）天授於人則爲命（亦可謂性）人受於天則爲性（亦可謂命）形得之備（不必盡然）氣得之偏（不必盡然）道得之同理得之異（亦可互見）此非學造至約不能區別故互相發明貴不碌碌也

大率玩心未熟可求之平易勿迂也若始求太深恐自兹愈遠

子夏未盡反身處可更求之（題不動心章）告子所止到己言所不及處孟子所止到己所難名處然

則告子所見所言與孟子所守所見可知矣

（同上）不知命則大無信故命立而後心誠（題盡心章）

誠則實也太虛者天之實也萬物取足於太虛人亦出於太虛太虛者心之實也

誠者虛中求出實

虛者仁之原忠恕者與仁俱生禮義者仁之用

敦厚虛靜仁之本敬和接物仁之用

太虛者自然之道行之要在思故又曰思誠

虛心然後能盡心

虛則生仁仁在理以成之

虛心則無外以爲累
人生固有天道人之事在行不行則無誠不誠則無物故須行實事惟聖人踐形爲實之至得人之形可離非道也
與天同原謂之虛須事實故謂之實此叩其兩端而竭焉更無去處
天地之道無非以至虛爲實人須於虛中求出實聖人虛之至故擇善自精心之不能虛由有物榛礙金鐵有時而腐山岳有時而摧凡有形之物即易壞惟太虛無動搖故爲至

實詩云德輶如毛毛猶有倫上天之載無聲
無臭至矣
言虛者未論陰陽之道
靜者善之本虛者靜之本靜猶對動虛則至一
氣之蒼蒼目之所止也日月星辰象之著也當
以心求天之虛大人不失其赤子之心赤子
之心令不可知也以其虛也
天地以虛為德至善者虛也虛者天地之祖天
地從虛中來

張子語錄下

中央土寄王之說於理非也大率五行之氣分王四時土固多於四者然其運行之氣則均同諸見金木水火皆分主四時獨不見土之所主是以有寄王之說然於中央在季夏之末者且以易言之八卦之作坤在西南西南致養之地在離兌之間離兌即金火也是以在季夏之末

五緯五行之精氣也所以知者以天之星辰獨此五星動以色言之又有驗以心取之亦有

此理

謂五帝皆黃帝子孫於理亦無黃帝以上豈無帝王

大雩龍見而雩是也當以孟夏爲百穀祈甘雨有水旱則别爲雩

禮文參校是非去取不待已自了當蓋禮者理也須是學窮理禮則所以行其義知理則能制禮然則禮出於理之後今在上者未能窮則在後者烏能盡今禮文殘缺須是先求得禮之意然後觀禮合此理者即是聖人之制

不合者即是諸儒添入可以去取令學者所
以宜先觀禮者類聚一處他日得理以意參
校
八蜡以記四方八者先嗇一也先嗇是始治稼
者據易是神農也司稼是修此職者二也農
三也郵表綴四也猫虎五也坊六也水庸七
也百種八也百種百穀之種祭之以民食之
重亦報其穡所成舊説以昆蟲爲百種昆蟲
是爲害者不當爲百種或至此百種而祭之
或只祭穡而已此蜡是報成之祭故所祭甚

有重祭之者

知之於賢者知人之謂知賢者當能知人有於此而不受知於賢者知不施於賢者也晏嬰之賢亦不知仲尼於仲尼猶吹毛直欲陷害孔子如歸女樂之事

隱居以求其志求志欲盡道也問學求放心於其失而已

時雨化之者如春誦夏弦亦是時及而教之亦是時當其可之謂言及而言亦是時言及而言非謂答問也亦有不待問而告之當其可

告而告告之也如天之雨豈待望而後雨但時可雨而雨

私淑艾者自修使人觀己以化也如顏子大率私艾也以能問於不能以多問於寡有若無實若虛但修此以教人顏子嘗以己德未成而不用隱而未見行而未成故也至於聖人神道設教正己而物正皆是私淑艾作於此化於彼如祭祀之類

非禮之禮非義之義但非時中者皆是也大率時措之宜者即時中也時中非易得謂非時

中而行禮義爲非禮之禮非義之義又不可一槩如此如孔子喪出母子思不喪出母不可以子思爲非也又如制禮者小功不稅使曾子制禮又不知如何以此不可易言時中之宜甚大須精義入神始得觀其會通行其典禮此方是眞義理也行其典禮而不達會通則有非時中者矣今學者則須是執禮蓋禮亦是自會通制之者然言不足以盡天下之事守禮亦未爲失但大人見之則爲非禮非義不時中也君子要多識前言往行以畜

其德者以其看前言往行熟則自能比物醜
類亦能見得時中
禮亦有不須變者如天叙天秩之類時中者不
謂此
時中之義甚大蒙亨以亨行時中也蒙何以有
亨以九二之亨行蒙者之時中此所以蒙得
亨也蒙無遽亨之理以九二循循行時中之
亨也蒙卦之義主者全在九二彖之所論皆
二之義教者但只看蒙者時之所及則導之
是以亨行時中也此時也正所謂如時雨化

之若既引之中道而不使之通教者之過也當時而引之使不失其正此教者之功也蒙以養正聖功也是養其蒙以正聖人之功也孟子言水之有本無本者況學者有所止也大學之道在止於至善此是有本也思天下之善無不自此始然後定止於此發源立本樂正子有本者也日月而爲至焉是亦有本者也聲聞過情是無本而有聲聞者也向後僞迹俱辨則都無也

明庶物察人倫庶物庶事也明庶物須要旁用

人倫道之大原也明察之言不甚異明庶物察人倫皆窮理也既知明理但知順理而行而未嘗以爲有意仁義仁義之名但人名其行耳如天春夏秋冬何嘗有此名亦人名之爾

其比年所思慮事漸不可易動歲年間只得變得些〻文字亦未可謂辭有巧拙其實是有過若果是達者其言自然別寬而約没病痛有不是到了是不知知一物則說得子細必實聖人之道以言者尚其辭辭不容易只爲到

其間知得詳然後言得不錯譬之到長安極有知長安子細者然某近來思慮義理大率億度屢中可用既是億度屢中可用則可以大受某唱此絶學亦輒欲成一次第但患學者寡少故貪於學者今之學者大率爲應舉壞之入仕則事官業無暇及此由此觀之則呂范過人遠矣呂與叔資美但向學差緩惜乎求思也求思雖似褊隘然褊不害於明褊何以不害於明褊是氣也明者所學也明何以謂之學明者言所見也大凡寬褊者是所

禀之氣也氣者自萬物散殊時各有所得之氣習者自胎胞中以至於嬰孩時皆是習也及其長而有所立自所學者方謂之學性則分明在外故曰氣其一物爾氣者在性習之間性猶有氣之惡者爲病氣又有習以害之此所以要鞭後至於齊強學以勝其氣習其間則更有緩急精麤則是人之性則同氣則天理無兩物一般是以不同孔子曰性相近也習相遠也性則寬褊昏明名不得是性莫不同也至于習之異斯遠矣雖則氣之禀褊

者未至於成性時則暫或有暴發然而所學則却是正當其如此(其一作不)則漸寛容苟志于學則可以勝其氣與習此所以褊不害於明也須知自誠明與明誠者有異自誠明者先盡性以至于窮理也謂先自其性理會來以至窮理自明誠者先窮理以至于盡性也謂先從學問理會以推達於天性也某自是以仲尼爲學而知者某今亦竊希於明誠所以勉勉安於不退孔子稱顏淵曰惜乎吾見其進也未見其止也苟惟未止則可以竊與一成

就自明誠者須是要窮理窮理即是學也所觀所求皆學也長而學固所謂之學其幼時豈可不謂之學直自在胞胎保毋之教已雖不知謂之學然人作之而已變以化於其教則豈可不謂之學學與教皆學也惟其受教即是學也只是長而學庸有不待教習便謂之學只習有善惡（只一作但）其所以使學者先學禮者只為學禮則便除去了世俗一副當習熟纏繞譬之延蔓之物解纏繞即上去上去即是理明矣又何求苟能除去了一副當世習便

自然脫灑也又學禮則可以守得定所謂長而學謂之學者謂有所立自能知向學如孔子十五而志於學是學也如謂有所成立則十五以前庸有不志於學時（一本云如孔子五十而學是學也如謂有所成立則五十以前庸有不至於學）若夫今學者所欲富貴聲譽博聞繼承是志也其只爲少小時不學至今日勉強有太甚則反有害欲速不達亦須待歲月至始得

音訓雖眞僞未可知然從之不害爲經義理所主義則音使不動如地名名從中國號從主

人名者文字號稱呼也
雞鳴雞不能如時必老雞乃能如時蟻鬬必有大者將領之恐小者不知鬬然風雨陰晦人尚不知早晚雞則知之必氣使之然如蟻之鬬不知何緣而發
言不下帶是不大聲也人發聲太高則直自內出聲小則在胷臆之間不下帶者氣自帶以上也
湯征而未至怨者非言史之溢辭是實怨今郡縣素困弊政亦望一良吏莫非至誠平居亦

不至甚有事當其時則傾望其上之來是其心若解倒懸也天下之望湯是實如父母願耕願出莫非實如此至如朋來而樂方講道義有朋來悅盡是實可樂也

武成取二三策言有取則是有不取也孟子只謂是知武王故不信漂杵之説知德斯知言故言使不動

縱心莫如夢夢見周公志也不見周公不踰矩也

問智愚之識殊疑於有性善惡之報差疑於有

命荅曰性通極於無氣其一物爾命稟同於
性遇乃適然爾
顏子知當至而至焉故見其進也不極善則不
處焉故未見其止也知必至者如志於道致
廣大極高明此則儘遠大所處則直是精約
顏子方求而未得故未見其止也極善者須
以中道方謂極善故大中謂之皇極蓋過則
便非善不及亦非善此極善是顏子所求也
所以瞻之在前忽焉在後夫子高遠處又要
求精約處又要至顏子之分必是入神處又

未能精義處又未至然顏子雅意則直要做聖人學者須是學顏子發意便要至聖人猶不得況便自謂不能雅意則然非宜見於議論

性美而不好學者無之好學而性不美者有之蓋向善急便是性美也性不美則學得亦轉了故孔子要好仁而惡不仁者只好仁則忽小者只惡不仁則免過而已故好惡兩端並進好仁則難遽見功惡不仁則有近效日見功若顏子是好仁而惡不仁者也云未見者

或此道近或顏子後言見不善如探湯此惡不仁者也無欲而好仁無畏而惡不仁同此義

盡得天下之物方要窮理窮得理又須要實到孟子曰萬物皆備於我矣反身而誠樂莫大焉實到其間方可言知未知者方且言識之而已既知之又行之惟艱萬物皆備於我矣又却要强恕而行求仁爲近禮自外作故文與孟子義內之說如相違孟子方辨道故言得造深作記者必不知內且據掠淺知

知之於賢者彼此均賢也我不知彼是我所患彼不知我是命也鈞聖人也舜禹受命受祿舜禹亦無患焉

顏子樂正子皆到可欲之地但一人向學緊一人向學慢

言盡物者據其大總也今言盡物且未說到窮理但恐以聞見爲心則不足以盡心人本無心因物爲心若只以聞見爲心但恐小却心今盈天地之閒者皆物也如只據己之聞見所接幾何安能盡天下之物所以欲盡其心

也窮理則其間細微甚有分別至如偏樂其始
亦但知其大揔更去其間比較方盡其細理
若便謂推類以窮理爲盡物則是亦但據聞
見上推類却聞見安能盡物今所言盡物蓋
欲盡心耳
巧笑倩兮美目盼兮素以爲絢兮孔子曰繪事
後素子夏曰禮後乎禮物因物取稱或物之
後而不可常也他人之才未善故宜飾之以
文莊姜才甚美故宜素以爲絢二素字用不
同而義不相害倩盼者言其質美也婦人生

而天才有甚美者若又飾之以文未宜故復當以素爲絢禮之用不必只以文爲飾但各物上各取其稱文太盛則反素若衣錦尚褧禮太盛則尚質如祭天掃地繪事以言其飾也素以言其質也素不必白但五色未有文者皆曰素猶人言素地也素地所以施繪子夏便解夫子之意曰禮後乎禮所以爲飾者也素字使處雖別但害他子夏之意不得

子曰不得中行而與之必也狂狷乎狂者進取狷者有所不爲也子曰南人有言曰人而無

恒不可以作巫醫子曰不占而已矣此當通爲一段中有子曰隔不得論語中若此者多中行固善也狂狷亦是有恒德若無恒不可以測度鄉原是其一故曰不占而已矣

語錄下

後學天台吳堅

刊于福建漕治

張子語録後録上

遺事

伯淳嘗與子厚在興國寺講論終日而曰不知舊日曾有甚人於此處講此事（以下並見程氏遺書）

子厚則高才其學更先從雜博中過來

子厚以禮教學者最善使學者先有所據守

子厚聞皇子生甚喜見餓莩者食便不美

橫渠言氣自是橫渠作用立標以明道

訂頑之言極純無雜秦漢以來學者所未到

西銘顥得此意只是須得子厚如此筆力他人無

緣做得孟子已後未有人及此文字省多少言語要之仁孝之理備于此須臾而不於此則便不仁不孝也

孟子之後只有原道一篇其間言語固多病然大要儘近理若西銘則是原道之宗祖也

問西銘如何伊川先生曰此横渠文之粹者也曰充得盡時如何曰聖人也横渠能充盡否曰言有多端有有德之言有造道之言有德之言說自己事如聖人言聖人事也造道之言則智足以知此如賢人說聖人事也横渠道儘高言儘

醇自孟子後儒者都無他見識

楊時致書伊川曰西銘明理一而分殊墨氏則二本而無分子比而同之過矣且彼欲使人推而行之本爲用也反謂不及不亦異乎見程氏文集

問橫渠言由明以至誠由誠以至明如何伊川曰由明至誠此句却是由誠至明則不然誠即明也孟子曰我知言我善養吾浩然之氣只我知言一句已盡橫渠之言不能無失類若此若西銘一篇誰說得到此今以管窺天固是見北斗

別處雖不得見然見北斗不可謂不是也 程氏遺書

子厚言關中學者用禮漸成俗正叔言自是關中人剛勁敢爲子厚言亦是自家規矩太寬

子厚言十詩之作止是欲驗天心於語默間耳正叔謂若有他言語又烏得已也子厚言十篇次叙固自有先後

子厚言今日之往來俱無益不如閒居與學者講論資養後生却成得事正叔言何必然義當來則來當往則往爾

張子厚罷禮官歸過洛陽相見某問云在禮院有甚職事曰多爲禮房檢正所奪只定得數箇謚并龍女衣冠問如何定龍女衣冠曰請依品秩曰若使某當是事必不如此處置曰如之何曰某當辨云大河之塞天地之靈宗廟之祐社稷之福吏士之力不當歸功水獸龍獸也不可衣人衣冠子厚以爲然見程氏遺書

呂與叔作横渠行狀有見二程盡棄其學之語尹子言之伊川曰表叔平生議論謂頤兄弟有同處則可若謂學於頤兄弟則無是事屬

與叔删去不謂尚存斯言幾於無忌憚矣遺書
問橫渠之書有迫切處否伊川曰子厚謹嚴纔
謹嚴便有迫切氣象無寬舒之氣同上
橫渠嘗言吾十五年學箇恭而安不成明道曰
可知是學不成有多少病在見上蔡語録
歎息斯文約共修如何夫子便長休東山無復蒼
生望西土誰供後學求千古聲名聯棣萼二年
零落去山丘寢門慟哭知何限豈獨交親念舊
遊明道哭子厚詩

張子語録後録上

張子語録後録下

心妙性情之德妙是主宰運用之意朱子語録

伊川性即理也横渠心統性情二句攧撲不破

惟心無對心統性情二程却無一句似此切

心統性情統猶兼也

性對情言心對性情言今如此是性動處是情

主宰是心横渠云心統性情者也此語極佳

大抵心與性情似一而二似二而一此處最

當體認

心統性情者也寂然不動而仁義禮智之理具

焉動處便是情有言靜處便是性動處是心如此則是將一物分作兩處了心與性不可以動靜言凡物有心而其中必虛如飲食中雞心猪心之屬切開可見人心亦然只這些虛處便包藏許多道理彌綸天地該括古今推廣得來蓋天蓋地莫不由此此所以爲人心之妙歟理在人心是之謂性性如心之田地充此中虛莫非是理而已心是神明之舍爲一身之主宰性便是許多道理得之於天而具於心者發於智識念慮處皆是情故曰

心統性情者也

性情心惟孟子横渠說得好仁是性惻隱是情須從心上發出來横渠曰心統性情者也性只是合如此底又曰性只是理非是有這箇物事若性是有底物事則既有善亦必有惡惟其無此物只是理故無無不善

心統性情性情皆因心而後見心是體發於外謂之用孟子曰仁人心也又曰惻隱之心性情上都下箇心字仁人心也是說體惻隱之心是說用必有體而後有用可見心統性情

之義

問心統性情先生云性者理也性是體情是用性情皆出於心故心能統之統如統兵之統言有以主之也且如仁義禮智是性也孟子曰仁義禮智根於心惻隱羞惡辭遜是非本是情也孟子曰惻隱之心羞惡之心辭遜之心是非之心以此言之則見得心可以統性情一心之中自有動靜靜者性也動者情也

問心統性情統如何曰統是主宰如統百萬軍心是渾然底物性是有此理情是動處又曰

人受天地之中只有箇心性安然不動情則因物而感性是理情是用性靜而情動且如仁義禮智信是性然又有說仁心義心這是性亦與心通說惻隱羞惡辭遜是非是情然又說道惻隱之心羞惡之心是非之心這是情亦與心通說這是情性皆主於心故恁地通說問意者心之所發與情性如何曰意也與情相近問志如何曰志也與性相近只是心寂然不動方發出便喚做意橫渠云志公而意私看這自說得好志便清意便濁志便

小三十九

剛意便柰志便有立作意思意便有潛竊意思公自子細看自見得意多是說私意志便說匹夫不可奪志

横渠云心統性情蓋好善而惡惡情也而其所以好善而惡惡性之節也且如見惡而怒見善而喜這便是情之所發至於喜其所當喜而喜不過謂如人有三分合喜底事我却喜至七分便不是怒其所當怒而怒不遷謂如人有一分合怒底事我却怒至三四分便不是以至哀樂愛惡欲皆能中節而無過這便是性

先生取近思錄指横渠心統性情之語以示學

者力行問曰心之未發則屬乎性既發則情也先生曰是此意因再指伊川之言曰心一也有指體而言者有指用而言者

或問通蔽開塞張橫渠呂芸閣說孰爲親切先生曰與叔倒分明似橫渠之說看來塞中也有通處如猿狙之性即靈猪則全然蠢了便是通蔽不同處本乎天者親上本乎地者親下如人頭向上所以最靈草木頭向下所以最無知禽獸之頭橫了所以無知猿狙稍靈爲他頭有時也似人故稍向得上

横渠先生曰凡物莫不有是性由通閉開塞所以有人物之別由蔽有厚薄故有智愚之別塞者牢不可開厚者可以開而開之也難薄者開之也易開則達于天道與聖人一先生曰此段不如呂與叔分別得分曉呂曰蔽有淺深故爲昏明蔽有開塞故爲人物云云程子曰人生而靜以上不容說纔說性時便已不是性也凡人說性只是說繼之者善也孟子言人性善是也夫所謂繼之者善也者猶水流而就下也云云先生曰此繼之者善

也指發處而言之也性之在人猶水之在山其清不可得而見也流出而見其清然後知其本清也所以孟子只就見孺子入井皆有怵惕惻隱之心處指以示人使知性之本善者也易所謂繼之者善也在性之先此所以引繼之者善也在性之後蓋易以天道之流行者言此以人性之發見者言唯天道流行如此所以人性發見亦如此如後段所謂其體則謂之易其理則謂之道其用則謂之神其嘗謂易在人便是心道在人便是性神在

人便是情緣他本原如此此所以生出來箇箇亦如此一本故也

問張子云以心克己即是復性復性便是行仁義切謂克己便是克去私心却云以心克己莫剩却以心兩字否曰克己便是此心克之公但看爲仁由己而由人乎哉非心而何言忠信行篤敬立則見其參於前在輿則見其倚於衡這不是心是甚麽凡此等皆心所爲但不必更看心字所以夫子不言心但只說在裏教人做如喫飯須是口寫字須是手更

不用說口喫手寫又問復性便是行仁義復是方復得此性如何便說行得曰既復得此性便恁地行纔去得不仁不義則所行便是仁義那得一箇在不仁不義與仁義之中底物事不是人欲便是天理不是天理便是人欲所以謂欲知舜與蹠之分者無他利與善之閒也所隔甚不多但聖賢把得這界定爾

問橫渠說以道體身等處曰只是有義理直把自家作無物看伊川亦云除却身只是理懸空只有箇義理

問未知立心惡思多之致疑既知所立惡講治之不精一章先生曰未知立心則或善或惡故胡亂思量甚怎得許多疑起既知所立則是此心已立於善而無惡了便又惡講治之不精又却用思講治之思莫非在我這道理之內如此則雖勤而何厭所以急於可欲者蓋急於可欲之善則便是無善惡之雜便是立吾心於不疑之地人之所以有疑而不果於爲善也以有善惡之雜今既有善而無惡則若决江河以利吾往矣遜此志務時敏須是

低下着這心以順他道理又却抖擻起那精神敏速以求之則厥脩乃來矣這下面云云只是說一敏字

橫渠云學者識得仁體後如讀書講明義理皆是培壅且只於仁體上求得一箇真真却儘有下工夫處也

問橫渠觀驢鳴如何先生笑曰不知他抵死着許多氣力鳴做甚良久復云也只是天理流行不能自已

先生云橫渠說道止於形器中揀箇好底說耳

謂清爲道則濁之中果非道乎客感客形與無感無形未免有兩截之病聖人不如此說如曰形而上者謂之道又曰一陰一陽之謂道

或者別立一天疑即是橫渠

清虛一大形容道體如此道兼虛實[redacted]言虛只說得一邊

橫渠清虛一大却是偏他後來又要兼清濁虛實言然皆是形而下蓋有此理則清濁虛實皆在其中

問橫渠清虛一大恐入空去否曰也不是入空
他都向一邊了這道理本平正清也有是理
濁也有是理虛也有是理實也有是理皆此
之所爲也他說成這一邊有那一邊無要將
這一邊去管那一邊

問橫渠有清虛一大之說又要兼清濁虛實曰渠
初云清虛一大爲伊川詰難乃云清兼濁虛
兼實一兼二大兼小渠本要說形而上反成
形而下最是於此處不分明如參兩云以參
爲陽兩爲陰陽有太極陰無太極他要強索

精思必得於己而其差如此又問横渠云太虛即氣乃是指理爲虛似非形而下曰縱指理爲虛亦如何夾氣作一處問西銘所見又的當何故却於此差曰伊川云譬如以管窺天四旁雖不見而其見處甚分明渠他處見錯獨於西銘見得好

問横渠言十五學恭而安不成明道曰可知是學不成有多少病在莫是如伊川說若不知得只是覷却堯學他行事無堯許多聰明睿知怎生得似他動容周旋中禮曰也是如此

更有多少病良久曰人便是被一箇氣質局定變得些子了又更有些子變得些子又更有些子又云聖人發憤忘食樂以忘憂發憤便忘食樂便忘憂直是一刀兩段千了百當聖人固不在說但顏子得聖人說一句直是傾腸倒肚便都了更無許多廉纖纏繞絲來線去問橫渠只是硬把捉故不安否曰他只是學箇恭自驗見不曾熟不是學箇恭又學箇安

問橫渠說遇曰他便說命就理說曰此遇乃是

命曰然命有二有理有氣曰子思天命之謂性是理孟子是帶氣曰然

横渠言遇命是天命遇是人事但說得亦不甚好不如孟子某又問曰但不知他說命如何

問近思錄横渠語范巽之一段如何先生曰惟是箇人不能脫然如大寐之得醒只是捉道理說要之也說得去只是不透徹又曰正要常存意使不忘他釋氏只是如此然他逼拶得又緊直卿曰張子語比釋氏更有窮理工夫在曰工夫固自在也須用存意問直卿如

何說存意不忘曰只是常存不及古人意曰
設此語者只不要放倒此意爾
問橫渠物怪神姦書先生提出守之不失一句
曰且要守那定底如精氣爲物游魂爲變此
是鬼神定說又如孔子說非其鬼而祭之諂
也敬鬼神而遠之等語皆是定底其他變處
如未曉得且當守此定底如前晚說怪便是
變處
橫渠所謂物怪神姦不必辨且只守之不失如
精氣爲物遊魂爲變此是理之常也守之勿

失者以此爲正且恁地去他日當自見也若要之無窮求之不可知此又溺於茫昧不能以常理爲主者也伯有爲厲別是一種道理此言其變如世之妖妄者也文集

問横渠說敦篤虚靜者仁之本曰敦篤虚靜是爲仁之本

胡叔器問横渠似孟子否先生曰一人是一樣規模各不同横渠嚴密孟子宏闊孟子是箇有規矩底康節

横渠工夫最親切程氏規模廣大

張子語録後録下

後學天台吳堅

刊于福建漕治